Memento

Mori

David Bernigaud

Edition : Books on Demand,
12/14 rond-Point des Champs-Elysées, 75008 Paris
Impression : BoD - Books on Demand, Norderstedt, Allemagne
ISBN : 9782322126323
Dépôt légal : Janvier 2019

David Bernigaud - Avril 2018 -

David B.

Memento Mori

Fresh Poésie

A mes enfants,

A ma femme,

A tous ceux que j'aime

A ceux qui comprendront

Et aux autres.

Déclaration Liminaire

C'est avec beaucoup d'émotions que je suis avec vous aujourd'hui
Et avec une certaine appréhension aussi,
Il y a longtemps que j'avais envie de vous rencontrer,
Mais je ne savais jamais vraiment si cela allait arriver…

Je dois dire et ce n'est pas banal de vivre cette expérience
Ce moment unique, c'est une nouvelle première fois.
Nous vivons ces premières fois, ces moments de magie
Et restons émerveillés de nos rencontres simples, essentielles.

La vie est épatante, et a ça d'extraordinaire,
C'est qu'elle nous est imposée par la naissance !
On passe par des moments d'émotions intenses
On vit les plus grandes joies comme les plus grandes peines
On existe les uns au milieu des autres
On essaye d'être en paix ensemble et avec nous même.

Les bonheurs essentiels, se construisent dans l'enfance ;
C'est de mes souvenirs d'enfance que je tire aujourd'hui
Certaines ses images les plus fortes de ma vie d'adulte,
Et qui nécessairement me guident tous les jours

Mes espoirs d'enfant, ce qu'ils ont été beaux et touchants,
Cette capacité à tout ressentir cent mille fois plus intensément
Dans mes rires, cachés dans le tilleul de mes grands-parents
Dans le parfum de l'herbe ou le goût du chocolat
Dans les bras de mes parents, les jeux avec mon frère et mes amis

Et puis tout change, nos futures vies d'adultes nous rattrapent
Nous rentrons parfois dans le moule des exigences de la société
On a la chance sur notre chemin de rencontrer des personnes
Qui nous marquent, à vie, et laissent leurs traces pour avancer vers demain,

Toujours est-il qu'aujourd'hui nous sommes ensembles,
J'ai vieilli, je suis devenu père, et aussi fou que cela paraisse,
Je veux retrouver le goût de l'enfance, où rien n'est interdit,
Où tout est possible !

Alors me voilà, Merci de m'accueillir
La vie comme la poésie est un voyage !
Alors partons !

Zéro

Qui n'a jamais vécu ce moment terrible du zéro?
Cette incertitude pesante du rien
Qui nous fait ployer le genou et
Nous rendre à l'évidence de notre faiblesse

Vous n'êtes qu'un raté !
Vous serez et resterez toujours un zéro !
Honte sur vous et sur ceux qui comme vous
Suivent le triste chemin de cette contraction du vide !

Et je dois l'avouer,
J'ai toujours craint, j'ai même détesté
Me confronter à lui, j'ai refusé son idée
J'ai abhorré sa vie

Je t'exècre, je t'abomine
Mais bien parce que tu es le reflet
Pesant du doute que j'ai du sens de ma vie,
Et en plus tu me donnes mauvaise mine !

On oublie toujours pourtant
Que le Zéro rond de son concept
Et alors qu'il est vide, reste de fait
La condition de l'existence du reste

Les courbes du zéro lui donnent bien
L'aspect fécond des jolis ventres féminins
De ceux qui attendent pour donner la vie,
Ceux là le valent bien !

Le tout existe dans le rien,
Le contenu existe dans le contenant
Et si le rien existe, le zéro existe donc en étant
Si ce n'est un, un zéro !

Un Prince

De l'abîme où nous gisions avant que la lumière soit
De cette profondeur infâme où régnait la misère
Il est né aujourd'hui un prince, Oui, il y est né un Roi
Ainé plein de raison au regard pénétrant et sincère.

De son visage souriant, de ses yeux doux et dociles
Emanent la bonté et l'amour, la joie et la bonhomie,
De sa main si petite, de sa main si fragile
Il fera naître l'espoir, il fera taire l'infamie

Alors que des esprits vils et traitres
Déjà avant qu'il ne vienne au monde, complotaient en secret
La mort de la Liberté, l'Assassinat de l'Etre
Et la perversion d'une Terre féconde des anciens sanctifiée

Chaque jour il vient au monde dans la douleur d'un cri
Cet être si pur et si parfait qu'un miracle merveilleux
A su protéger de la voie de l'Homme qui gronde et rugi,
Qui ordonne et qui somme d'un hybris ténébreux

Ne pouvons nous donc de nous même quitter l'obscurité
Et raisonnablement quand même de nos actes méditer
Pour laisser à nos enfants si beaux et si joueurs
Le vol paisible et juste d'un augure meilleur.

De l'abîme où nous gisions nous nous relèverons
Et dans notre ascension inexorable, nous rendrons fertiles
Les pousses vivaces et verdoyantes d'un avenir fécond
D'une vie paisible, belle, insolente et habile

Il est né aujourd'hui un prince, Il naitra demain un roi
Enfant plein de raison au regard pénétrant et sincère
Il est né aujourd'hui un prince, de sa mère et de moi
Amour de ma vie au regard fort, pénétrant et droit.

Mon Ange

J'ai perdu, je me suis perdu dans un songe
Et plus le temps passe et plus ça me ronge
Sans que rien ne change, tu t'enfuis loin de moi
Comme dans le courant d'un fleuve enragé et sans loi,

Et pourtant je te suis et j'en suis moi, lourd et machinal,
De plus en plus las, de plus en plus inconscient
De vouloir survivre malgré tout à cet amour cannibale
J'avance malgré moi, comme un colosse non-voyant

J'étreins ton parfum, j'étreins ton souvenir
Je caresse ton visage et la couleur de ta voix
Je bois tes paroles, j'inhale ces mots que tu expires
Mais la froideur des heures sombres me laisse immobile et
sans voie

J'essuie ta joue devenue froide
Je suis à genou, prisonnier de mes fers,
De cet amour fou qui m'a rendu malade
De cette douleur abyssale qui me fait vivre l'enfer,

J'ai perdu, je me suis perdu dans un songe
Et plus le temps passe et plus ça me ronge
Sans que rien ne change, tu t'enfuies, loin de moi
Comme dans le courant d'un fleuve enragé et sans loi.

Mémé

J'ai oublié Mémé, je ne sais plus vraiment quand,
Si c'était en mars ou en juillet, en hiver ou au printemps
Je cherche dans mes souvenirs quand cela a t-il bien pu se
passer ?
Qui pourrait donc bien vivre réalisant « j'ai oublié Mémé !»

Je ne me rappelle plus le lieu, où même l'endroit ?
Où je l'ai abandonnée, même juste laissée là
Mais je dois l'admettre pourtant je l'ai bien laissée
Mourir à elle-même et la chassant de mes pensées

Je l'imagine déjà plantée au milieu du chemin,
Trempée sous la pluie, glacée par le froid
Sans un parapluie ou à l'abri sous un toit
Aide-moi mon Dieu de ma conscience à abréger l'examen

Ça y est je la vois, elle est à Bayonne,
Quel jambon je fais, Mémé tu me couillonnes !
Oui je la vois encore, c'est ça, t'es as Pigalle
Mémé pour la fête, toujours tu me régales !

Mais non je rêve, j'ai même cauchemardé
Que la joie fut brève, la réalité m'a rattrapé !
Et hélas je replonge meurtri et plein d'émoi
Mémé je nous ai oubliés, toi et aussi moi

En fait Mémé, je n'ai jamais oublié de t'aimer
Même si j'avoue quand même j'tai un peu oublié
Je suis un peu amer, de devoir en admettre l'idée
Je crois même avoir un peu oublié de m'aimer

Alors penses à moi Mémé, S'il te plait penses à moi
Quoi que tu fasses Mémé, toujours où que tu sois
Penses à moi m'aimer, Mémé m'aimer fort

Pour qu'un peu plus je m'aime moi, Mémé, un peu plus encore.

Marianne

Marianne, oh Marianne m'a jeté son regard plein d'opprobre
Et si elle désire je partirai, je quitterai la plaine
Marianne, oh Marianne qui tenu ma vie dans sa main
Me veut aujourd'hui parti, disparu, mais sans haine

Hier encore, tu prenais ma peine et soignais mes maux
Tu faisais de mon enfer un monde paisible, et sans un mot
Sans une parole, tu m'as rendu sourire et goût des choses
Tu as vu mes chagrins, mes désirs, et lire en moi comme la
fleur éclose

Marianne, oh Marianne, par quel curieux chemin
T'es tu enfuie de moi par un beau matin
Sans me donner pour dire ni raison, ni la cause
Marianne, oh Marianne, une dernière fois regardes-moi

Moi je te regarde, me tourner le dos et partir,
A chaque minute, à chaque seconde,
 C'est ma liberté qui s'en va
Je reste figé, inutile, et dans un soupir
Je me rends compte que c'est moi qui m'éloigne de toi !

Tyrannus

Je fixe l'horizon et rien ne bouge
La main sur le front, j'observe cette ligne infinie
Je fixe l'horizon et rien ne bouge
Le regard froid dans mon imperturbable posture

Un vent chaud m'enveloppe et me brûle
Je perds la notion du temps
Je perds la raison et
De vouloir mourir, en secret je hurle

Je ne vacille pas et pourtant malgré toute ma force
Je reste là prisonnier de ma stèle et du silence
Je suis aveugle et ne vois pas où jeter ma lance
Moi le roi de marbre au regard féroce

Je fixe l'horizon et rien ne bouge
La main sur le front, j'observe l'infini
Je fixe l'horizon et rien ne bouge
Tyran au regard froid dans ma superbe imposture

Amour

J'ai rêvé que je ne ressentais plus rien de ce qui faisait de moi
L'homme fou, le vaurien que tu serrais dans tes bras
J'ai rêvé, quelle horreur, que je ne ressentais plus
Ni l'ombre de ta main, ni le fantôme de toi nue

Je tourne en rond dans mon lit ce matin, et je perds enfin le
sommeil
Je cherche le creux de tes reins, le goût de tes lèvres groseille
Je te veux contre moi, moi qui brûle encore d'amour,
Je veux embrasser tes seins tout comme au premier jour

Encore d'amour pour toi, encore un peu plus un corps
Et si tu voulais seulement rester un peu prêt de moi,
De moi qui dans un ultime effort

Encore d'amour pour toi, dans un sublime corps à corps
Dans le plus bel émoi d'un amour si fort
Te donne le meilleur de moi et même un peu plus encore

Reste encore un peu près de moi,
Oui, reste encore un peu
S'il te plaît ne part pas
Oui, reste encore un peu

Approches toi ma douce et faisons le chemin
De l'un vers l'autre ma douce et attendons demain
Et ensemble voyons s'il nous mène au-delà

Reste encore un peu prêt de moi,
Oui, reste encore un peu
S'il te plaît ne part pas
Oui, reste encore un peu

Ni la joie, ni la tristesse n'y changeront rien
A jamais je te promets des caresses et la chaleur de mon sein
Amoureux vieillissants mais amoureux toujours
Contre des nuits d'ivresse faire à la Mort, l'amour !

<u>40</u>

Quatre fois un Quatre
Quatre fois deux Huit
Quatre fois trois Douze
Quatre par Quatre Seize
Quatre fois cinq Vingt
Quatre fois six Vingt-quatre
Quatre fois sept Vingt-huit
Quatre fois huit Trente-deux
Quatre fois neuf Trente-six
Quatre fois dix Quarante

Je n'ai plus de temps. C'est fini.
Temps.
Je n'ai plus le temps.

De compter, c'est fini,
Je n'ai plus le temps de compter
Le compte à rebours se termine

L'électrocardiogramme est plat
Défibrillateur, compression thoracique

Ranime

Je sais, ça y est
J'ai arrêté de compter
Ce n'est plus compter mon temps
Qui compte, c'est vivre ma vie.

Je ne regrette plus les heures passées,
Et si la nostalgie m'est toujours douce,
J'avance chaque jour,

Je vais avoir quarante ans.
Et je vais mourir un jour,

Mais pas aujourd'hui.

Ego sans trique

Je suis l'Alpha et l'Oméga, Je suis l'origine de toute chose
Je suis l'Univers, Je suis le centre de l'Univers,
Je suis le Soleil, Je suis la lumière, Je suis la chaleur,
Je suis l'eau qui perle sur la Terre, Je suis la Vie

Je m'instille en toute chose, le reste n'est que courant d'air
froid,
Le reste n'est que l'Onde blême d'un monde qui disparaît
Ou n'a-t-il jamais vraiment existé ?

Ego-érotomane, Narcisse au priapisme stérile
Face à ma superbe, à mon charisme omniscient,
Je veux qu'on me voie, Je veux que l'on m'admire
Et surtout que l'on sache qu'en toute chose Je prévaux

Ego-érotomane, Narcisse au putride reflet
Je m'inonde Je bouillonne et Je me noie,
Ego-érotomane à la jeunesse infinie, tel Dorian Gray
Je m'inonde, Je me noie, et Je m'inonde de moi

Je meure d'amour de moi, de ma nécessité
Le reste, tout autour de mon être, disparaît
Dans l'Onde blême ne reste qu'un courant d'air froid,

Je me saisi du monde et de mon être
Pour naître au monde et pour n'être
Qu'un être immonde et sans émoi

Je suis l'Alpha et l'Oméga, Je suis l'origine de toute chose
Je suis l'Univers, Je suis le centre de l'Univers,
Je suis le Soleil, Je suis la lumière, Je suis la chaleur,
Je suis l'eau qui perle sur la Terre, Je suis la Vie

Du plaisir et de l'autre
Je ne jouis pas
Nombril de mon Univers,
Je suis égocentrique

Insomnia

Je ne dors plus,
Le tic tac de l'horloge rythme mon supplice
La torture lancinante de mon éveil permanent
Le flux de mon sang claque sur ma tempe
Voila mon calvaire incessant,

Je ne dors plus,
J'ai perdu le fil de mes pensées,
Et je tourne en rond comme dans le Palais des glaces
Errant dans le labyrinthe d'un Minautore fantomatique
Je suis convalescent,

Je ne dors plus,
Je me suis égaré au détour de mon âme
Et dans un mouvement perpétuel, je tourne autour de moi
C'est la révolution des égarés, c'est la révolution des rois
Je rêve une vie éveillée, c'est bien là mon drame

Je ne dors plus,
Je rêve que je dors et que le sommeil m'emporte,
Hypnos emmène-moi et soulage mon fardeau
Mais mes paupières sont ouvertes, et mes pupilles sont mortes
Charon laisses moi passer le Styx dans ton austère canot

Je ne dors plus,
Le temps passe et je m'épuise
Sur les rives de l'Achéron
Mon cœur tire et n'a plus la force de pomper
Pourtant la petite aiguille et la grande se sont arrêtés

Je ne dors plus,
Je ferme les yeux et j'espère ma Plèbe,
Laissez-moi, et remerciez pour moi qui donnera l'Obole
Alors je reposerai dans les bras d'Erèbe
A présent et pour l'éternité en ma Nécropole

Meilleur Espoir

J'attends dans l'obscurité qu'on appelle mon nom
Je sais qu'aujourd'hui c'est ma chance et j'ai la pression
Je fais le vide dans ma tête et je prends une respiration
Me voila sur la scène devant cette foule anonyme

Les projecteurs s'allument et les visages apparaissent
Je te souris, et à toi aussi, et finalement à tout le reste
Ma gorge se noue un peu de stress
Et je laisse partir ma voix

Je prends ma guitare et la mélodie démarre
Dans ce texte qui me tue et que j'ai répété cent fois
L'amour, la vie, les hauts et les bas,
Je parle de toi, de moi

Je prends ma guitare et je laisse partir ma voix
De ces textes qui m'animent
Des ces récits anonymes et d'une musique
Qui vibre si fort en moi

Et je m'électrise, oui je m'envole
Plus rien ne me retient,
Je vis la musique, je me sens bien !

Même cette petite balade
Simple et touchante à la fois
Qui dit que je ne reviendrai pas

Ça y est c'est terminé, j'ai passé mes chansons
J'suis épuisé, et quand la lumière se coupe
Et que tout le monde disparaît
Je sens que mon cœur va exploser

Alors je reprends ma guitare et je laisse partir ma voix
Dans un texte qui me tue et que j'ai répété cent fois
L'amour, la vie, les hauts et les bas,
De ces récits anonymes et d'une musique
Qui vibre si fort en moi
Et un peu en vous je crois.

Mon ami, Mes amis

Je ne saurai jamais tout ce que je vous dois
Non je ne sais pas ce que j'aurais fait sans toi
Tous ces moments ou vos regards m'ont porté
Tous ces moments où tu m'as trop manqué

C'est comme d'avoir un frère, un partenaire, un complice
Pour faire des conneries et pour pousser le vice
De pouvoir se confier sans un mot et pourtant
Avoir tout dis en se comprenant,

On s'est jeté, on s'est perdu
On s'est retrouvé ou même jamais revus

Vous êtes dans mon cœur
Jumeaux d'âmes et de caprices
Du plaisir de la vie
A boire cul-sec au Calice !

Je vous garde avec moi,
Toujours sur le chemin,
Dans mes pérégrinations adultolescentes,
Et je te garderai jusqu'à la fin.

Mon Frère, mon Ami
Mes amis mes frères
Que je partage avec vous,
Ou mon cœur ou mon sang

Mon Frère, mon Ami
Fidèle et sincère je vous promets
Que de vous je suis fier,
Et vous porte en mon cœur éternellement

Révolution

La Solitude de l'Homme est à l'origine de sa misère,
Et tout est fait aujourd'hui pour nous séparer.
Nous vivons inconscients, nos petites vies amères
Dans l'illusion d'un bonheur futile et possédé,

Les combats de ceux qui nous ont précédés hier,
De ces illustres anciens qui pour nous ont versé leur sang
Ne reste plus aujourd'hui que de grands cimetières,
Et des fossoyeurs hilares nous regardent rentrer dans le rang

Je souffre aujourd'hui qu'on m'enseigne le Bien et le Mal
Qu'on me dicte comment être dans ce nouvel Ordre Moral ?
Nous Ignorants de la vie selon ces Sachants du Dirigisme,
Qui nous dictent quoi faire dans de monstrueux syllogismes,

Nos anciens maîtres piaffent d'impatience
Ils jouissent des privilèges qu'ils possédaient naguère
Ils font plier les foules par le pouvoir de l'argent
Et nous épuisant, nous font croire qu'ils ont gagné la guerre

Prenons de la hauteur et observons bien
Comme on nous asservi et ce à dessein
Ne soyez pas dupes, voyez comme on nous oppose
C'est l'effet narcoleptique des dirigeants moroses !

Nous sommes toujours plus forts que ce que nous imaginons !
Nos avons aussi plus de pouvoir que ce que nous pensons !
Ne soyez pas déçus, ne soyez pas désabusés,

Levez vous mes frères, battons nous,
Refusons l'injustice et prenons aujourd'hui
Les rênes de notre destin d'hommes.

Res Publica

Je me tiens debout aujourd'hui
Et vous interdit le passage,
Car en ce domaine je suis Roi
Et vous n'usurperez pas mon héritage

Non, vous ne passerez pas aujourd'hui!
Et je vous oppose ma volonté
Mes vœux et mes frères,
Les illustres fils de ma Patrie Guerrière

Vous qui avec moi foulez la même Terre
Et qui par la même respirons le même air
Abusez du rôle qui vous est octroyé
Et vous affublez, escrocs, d'une capiteuse supériorité

Le Peuple exerce le pouvoir politique
Directement ou par l'intermédiaire de représentants élus,
Mais vous nous spoliez par des morales elliptiques
Tous réjouis que vous êtes de votre magistral abus

Les représentants du peuple
Sont Responsables devant la Nation.
Et vous devrez bien un jour
En répondre de vos noms

Non vous ne passerez pas !
Et ce jour est arrivé
Vous devez rendre des Comptes
Et à moi Peuple Souverain

De Restituer ma chose publique
République sans blanc seing

"Quand le gouvernement viole les droits
Du peuple, l'Insurrection est pour le peuple,
Et pour chaque portion du peuple,
Le plus sacré des droits et
Le plus indispensable des devoirs". *

*Constitution du 24 juin 1793, article 35.

La Pénétrante

Dans un mouvement de va et vient improbable
J'ai gardé la Pénétrante en main
Sans jamais m'arrêter,
A n'en plus sentir mes doigts

J'ai tenu la Pénétrante jusqu'à son ultime rupture
Dans la chaleur d'un frottement nerveux
J'ai fais mon œuvre et creusé son sillon

Et comme dans les vers du poète
J'ai achevé son usure
Le bruit de son frottement est une rime cadencée
Et me guide pour produire un art millimétré

Tel un artefact, je l'ai rangée dans son étui
Fidèle emblème de ma puissance,
Matrice de mon génie

Elle est en fait la muse de mes outrages
Quand pris dans la passion j'ai œuvré avec rage

Tu mériteras ta place sur le trône de fer
A faire et défaire les rois
Et à faire mes affaires

Moi petit menuisier
Sans le sous et sans rêve
La Pénétrante a fait de moi
Un artiste sans trêve.

Marcel

La pipe à la bouche, il a mis son chapeau
Son chien en laisse, il démarre la Talbot.
Il a fermé la porte de chez lui ou plus personne ne l'attend,
Marcel est parti récupérer ses petits enfants

Marcel a tout connu de son enfance,
La vie d'une famille modeste
De la Guerre et l'Amour, l'errance
Et les blessures secrètes qui à jamais restent

Marcel a été fils, père et frère à la fois
Ta Famille Marcel est importante
Et ton supplice à la fois
Mais tu n'es pas résigné, ton âme est combattante

Les animaux sont plus légers,
Ils donnent sans concession,
Pas besoin de les décoder
Ils aiment sans conditions

Marcel est fou je vous le dis
Marcel est habité, on vous a menti !
Il tourne, tourne, fais le tour du quartier
Peut-être Marcel est-il en train de vous surveiller ?

Homme fantasque, honnête et au caractère bien trempé
C'était parfois bien difficile de te cerner
Mais qu'est ce qu'on a rit à faire visiter
Grâce à toi la ville à un car de Japonais

Guidé par ses fidèles cabots,
Marcel est passé dans la rue très tôt ce matin,
Car non Marcel ne vous surveille pas,
Un peu malgré vous, il vous protège bien !

Merci de m'avoir transmis
Le goût de l'insoumission
De la Justice et des autres

La Fée Verte

La démarche hâtive
Et le teint blêmi
L'attente me ronge
De mettre fin à ma pénitence

Mais quand l'heure bénie arrive
Je vois mes lèvres rougies
Deviner les songes
Qui sonnent l'heure de ma délivrance

De mes yeux larmoyants
Je comprends en prenant place
Dans cet Hôtel de Paris
Aux allures de palace

Que le temps de ma médecine est venu
Et d'être saisi par la merveille
De cette absinthe au vert ténu
Contrastant le ton de mes joues vermeilles

Amère aphrodisiaque aux vertus curatives
Asclépios, Hippocrate m'ont confié
A cette fée verte et délicate
Aux peines de cœur, palliative

Thérapeutique douce additionnée de miel et de menthe
Van Gogh et Toulouse en ont fort payé la rente
Pour danser avec les muses de leurs antiques ancêtres
Et incarner dans l'art la quintessence de l'Etre

Rituel magique de savants alchimistes
Sa préparation requiert qu'on rappelle
De ne pas se pétrifier, jaloux ou égoïste
En maniant savamment et le Verre et la Pelle

Il convient de rester lucide au moment où se dissout
Le sucre de la vie dans cette eau qui rend fou
Sur les boulevards parisiens, j'ai perdu la tête
A vouloir trop boire au sein corrompu de la Fée Verte.

Rhum Arrangé

C'est dans l'Océan Indien,
Dans cette île ou nous étions ensemble
Que je suis retourné Payen,
Regarde ma main encore en tremble !

Du Python de la Fournaise
Où je me suis presque cru Dieu
J'ai plongé des falaises
Jusque dans le bleu de tes yeux

Les requins qui nagent dans ton liquide amniotique
Comme dans une salle des pas perdus
Attendent à l'Ermitage la récompense due
D'un festin aux saveurs allotropiques

Ile de la Perle, fille de la Terre
Perdue dans l'Océan
Je rêve de ton cratère
Alors prend pitié du ti blan

Et laisses-moi te rejoindre
Pour retrouver mes ancêtres
Partager le servis kabaré
Entre le Maloya et la danse

C'est au petit jour,
Quand le premier rayon du soleil
Caressera ma peau
Et quand les étoiles se coucheront enfin

Que je naîtrai à la vie
En portant ton sang à ma bouche
Je m'unirai à toi dans le sable allongé
Réunion de mes lèvres et de ton Rhum arrangé

Un Câlin

Dans le mouvement symétrique de mes bras
Je t'enveloppe de mon corps anémique
Et te serre fort contre moi
Quand ton silence se fait électrique

Je te presse contre mon torse
Qui te sépare encore de moi
Pour en rompre l'écorce
Et t'incruster en mon bois

Tu murmures à mon oreille
Le souffle chaud de ta respiration
Qui berce mon âme sans pareille
Et en souffre amoureusement la récréation

Mon front contre le tien dans un contact télépathe
Je devine tes rêves et te sens partir, apaisée
Tu m'emportes dans ton rythme sans hâte
Par un battement de cœur, taquin mais régulier

Brûle au fond de moi le bonheur magnifié
D'un instant de tendresse sans promesse ni condition
Et dans l'inconscient désir de l'horloge figée
Ne faire plus qu'un dans la chaleur et les frissons

Mise à mort

L'air est frais ce matin et gorgé des parfums du printemps
Il me caresse la nuque d'un petit vent chahuteur
Et je peux distinguer les voix des enfants qui jouent à
l'extérieur

Les oiseaux chantent et le ciel est d'un bleu azur
Comme on n'en a pas vu depuis longtemps ;
A l'horizon pas un nuage, juste un mouton au firmament,

Et ce soleil majestueux qui m'aveugle de ses rayons ;
Il m'envahit de son doux sirocco et baigne mon oraison ;
Il me rappelle la chaleur de tes bras.

Une coccinelle s'est posée sur le matelas de ma cellule en
hayons
Elle tourne sur elle-même jusqu'à n'en plus pouvoir
Et alors que la porte souffre, elle s'envole et disparaît.

Je distingue sur le mur une écriture hésitante,
« Ce n'est pas la fin, juste une partie du chemin »

On me guide jusqu'à un camion et partons pour la campagne
Je peux voir les clochers des villages de mon enfance,
Cette maison dans laquelle nous aurions dû fonder notre
famille

On arrive à la lisière de la forêt, on me fait descendre,
Les officiers allemands braillent des phrases
Que je n'écoute déjà plus,

La fosse est déjà prête et le soldat me tend une cigarette.
Je ne fume pas, mais j'accepte
Pour goûter le plaisir de participer à mon exécution.

C'est quand arrive la dernière bouffée, et que je repense à toi,
Au bonheur de t'avoir aimé et d'avoir vécu ma vie,
Que dans un ultime fracas qui déchire le silence

Je fais face à mes bourreaux et m'affaisse dans ma fosse
La mort n'est pas là fin, mais le début d'autre chose.

Liberté

La liberté ne peut être guidée que par la conscience
Ce mystique savoir de notre existence au monde.
En quoi ne serions-nous pas maîtres de nos choix
Et donc capables de discernement et de libre arbitre ?

Nous ne sommes contraints en rien de la vie,
Si ce n'est des limites que nous nous fixons.
Et si nos pairs nous dictent nos modèles dès l'enfance,
En tout temps peut nous être donnée l'occasion
De nous en affranchir pour mieux en comprendre l'essence,

C'est dans les vertiges de l'enfermement,
Dans la prison métapsychique de notre cortex qui nous ment
Que nous errons comme des âmes en peine
Dans le macabre labyrinthe de l'oubli de nous-mêmes

J'accueille aujourd'hui dans l'espace de mes bras ouverts à la
Vie
Je prends dans mes mains tendues vers vous l'Univers.
Je vous accueille pour saisir, de toute la bonté de chacun, les
poussières
Pour en faire un océan de miséricorde et d'amour

Telle est ma liberté,
Car nulle entrave, ni physique, ni morale,
Ni aucune aliénation
Ne sauraient me faire changer

Ma liberté, j'en paye le prix tous les jours,
Le prix de mon labeur, de chaque moment de doute
Et pour chaque effort supplémentaire que je fournis,
Recevoir comme récompense vos sourires infinis.

Egalité

Quand aujourd'hui
Tout nous oppose
Dans nos individualités massives, que reste-t-il de ce qui nous
uni
Dans nos humanités devenues moroses ?

Laissons déjà hors de la question, tout ce qui
concerne la possession

Car on parle bien en ces termes de ce qui nous divisera
jusqu'au terme

C'est dans nos besoins essentiels que l'on trouve de la Vie
tout ce qui fait le sel

Faisons face juste pour un temps à

Ce qui forme l'homme quand il est à son printemps

Respirer
Manger,
Boire,
Dormir,
Aimer

Être en sécurité,
Sans angoisse ni crise

Nous avons besoin d'être aimé

Mais plus, d'avoir confiance en nous,
Être reconnu et S'accomplir
Merci à toi de nous montrer ce que nous sommes, Egalité

Fraternité

Mes amis ici résonnent les cloches de la révolution
Et alors qu'enfin des jours meilleurs se profilent à l'horizon
Tout n'est pas acquis et nous devons dans l'urgence
Chacun de notre combat mesurer l'importance

Car en fait à l'aube d'une ère nouvelle
Quand de nombreux pièges nous sont tendus
Et si nous n'en comprenons pas les ruses de Machiavel
C'est pour l'éternité que nous serons perdus

Nous avons gagné notre liberté, rebelles
Par le combat implacable d'un feu soutenu
Et avons ainsi mis fin aux privilèges
Des castes des divins, cléricaux ou Rois ventrus

Mais alors que nous voulons aujourd'hui
Pour créer un monde meilleur
Instaurer pour chacun les mêmes droits
Regardons nous en face et au-delà des lois

Assurons-nous quand chacun aura hérité
De sa juste part de liberté et d'égalité
Que nous restions solidaires et que quiconque est dans le
besoin
Soit traité comme un frère et non pas comme un chien

Mourir

Vivre est un jeu,
C'est toujours à la fin du jeu que l'on compte les points,
Mais qui compte les points ?
Et y-a-t-il jamais vraiment un vainqueur ?

Les pensées et les mots se bousculent d'un coup
Et je panique, comment pourrais-je bien répondre
A cette énigme dont j'ai déjà la solution,
Mais pour laquelle les mots me manquent

Quelle vaine existence que celle d'un homme
Qui ne saurait pas dire ce qu'il sait !

En y réfléchissant un instant,
Il semble plus facile d'énumérer ce que je sais
Plutôt que d'envisager les possibilités de ce que j'ignore
Alors qu'il me restait tellement à apprendre encore !

Je n'ai pas envie de mourir, et je ne pourrais plus
Veiller sur ceux que j'aime, même de loin sur cette Terre
Je sais que je vais perdre à ce jeu de dupe
Qui la première des règles est qu'il n'y aura pas de vainqueur

Que restera-t-il de moi le jour ou je quitterai ce monde ?
La finitude de la vie, est-elle vraiment de fixer les choses ?
Ou bien est-ce moi qui dans mon désir d'éternité
Veux à tout prix laisser la trace de mon passage ?

Voici donc mon héritage,
Quand il ne restera rien de matériel
Qu'il ne restera que ma pensée
Pour construire des ponts dans vos vies futures

Entre vous et les hommes
Puissiez-vous continuer
Et que le jour venu
Nous nous retrouvions pour jouer.

Le Cœur

Le cœur est un autre habité par l'idée fixe
Que le corps est sa prison
Et dans un rythme psychotique
Il tente de s'arracher à sa condition

Mais c'est dans cette étrange danse
Dans un rythme effréné
Et qui ne semble jamais devoir finir
Qu'il crée la vie

C'est de sa condition d'esclave,
Qu'elle jaillit
Le Cœur a ce mystère terrible et maudit
Que sa fonction est d'être prisonnier pour la Vie.

Fidèle

Prendre la mer est un bien bel ouvrage
Pour qui cherche l'aventure et ses mystères
Et en se confrontant à cette imprévisible Mater
Veut apprendre ce qu'est le courage ;

Chacun part d'abord avec un frêle esquif,
Car des flots et de la barre il faut prendre la mesure ;
C'est de tribord à bâbord qu'il convient, jamais plaintif,
De répéter les manœuvres et de sa patience vérifier l'usure.

Après un temps, avec un peu plus d'assurance,
On finit par se lasser des bateaux de plaisance,
A quoi servirait un bateau comme un voilier plutôt qu'une barge
Si ce n'est pour naviguer et enfin prendre le large !

Il faudra alors affronter les orages,
Et peut-être même pire, les jours sans vent
Chaque seconde redouter le chavirage
Ou regretter, nostalgique, la caresse du Levant

Le vent est fort et l'air léger
Et j'ai passé l'âge d'éviter le danger
Je sais que voyager est ce qu'il me faut
Et satisfaire mon espérée est mon plus beau défaut

Je prendrai un jour la gabare, exploratrice fantastique
Et je n'attendrai pas vainement qu'une mouche me pique ;
Il faudra bien qu'un jour j'explore les Caraïbes

Quitte à ce que ce jour on m'en fasse la diatribe
J'en aurai connus des orages
Quand mon embarcation menaçait de couler
J'en aurai ignoré des commérages,
Qui ma volonté auraient fait vaciller

Mais au bout de chaque voyage
Toujours je rentre au port
Et solide comme un pilier d'amarrage
Tu me protèges des coups du sort

Cache-cache

C'est parti, le loup a commencé de compter,
Il comptera jusqu'à trente
Et je n'ai plus beaucoup de temps pour me cacher
Alors c'est le moment de fuir sans réfléchir.

Je l'ai vu, il a son front contre l'arbre collé,
Ses grandes dents acérées sont prêtes pour leur repas
Je l'ai bien vu, oui, sur moi jeter un dernier regard macabre
Et si je ne me cache pas bien, il se délectera de moi !

Je cours, à perdre haleine, à perdre mon souffle
Dans cette fulgurante panique
Où je ne peux m'empêcher de sourire
Du défi qu'il m'oppose

Car bientôt sera venu le moment du silence,
Mais pour l'instant il n'en est pas question
Les feuilles mortes crépitent sous mes pas,
Pourvu qu'il ne m'ait pas entendu !

Il a crié trente ! Et c'est sous la robe d'un sapin
Que j'attends replié sur moi comme dans le ventre de maman
Et j'entends crier mes compagnons d'infortune
Et l'heure à ma montre s'égraine si lentement

Si bien qu'au moment où il passe à côté de moi,
Mon cœur, pendant une seconde, s'arrête de battre
Je mors ma main pour ne pas faire de bruit
Et il part finalement au loin

Un coup d'œil au garde-manger
Je vérifie la liste des victimes et ne reste plus
Que moi pour réclamer la récompense
Du dernier qui a survécu…J'ai gagné !

L'Oubli

Je fais avec vous aujourd'hui cette prière
Pour que nous puissions ensemble
Faire cadeau de nos souvenirs oubliés
Et qu'un jour, ils viennent faire sens pour l'humanité

L'oubli est la solution
Pour l'être qui veut survivre
A la souffrance que nous impose
Notre fugace condition humaine

Nous devons parfois nous oublier
Pour supporter nos mauvais choix
Ou pour supporter aussi
Le sacrifice de nos vies pour ceux que l'on aime

C'est quand vient la fin de nos vies
De nos mémoires pleines et saturées
Que l'oubli agît et efface ce qui a été

Sauf cette lumière douce et merveilleuse
De l'enfance et de nos moments insouciants ;
Me déchire pourtant le cœur de ne plus me rappeler
Le nom de tes lèvres et de ta voix,

Pardonnes moi d'oublier

Etre Aimé

Sentir ton regard brulant
Qui se pose sur moi
Et rire ensemble aux larmes
Sans penser à demain

Ne plus avoir besoin de rien
Ne plus avoir mal
Ne plus avoir froid
Juste mon cœur dans la paume de tes mains

Ne plus jamais être ni laid, ni beau
Non, plus rien de vaniteux
Mais le manque de nos corps
Qui se retrouvent et s'enlacent

Tu me remplis de tout
Je me suffis de toi
Tu m'envahis d'un désir qui s'évapore
Et en un claquement de doigt

Plus rien ne compte ;
Et tu es mon univers
Tu me débarrasses de mes exigences
Et je deviens le tiens

Juste sentir ton contact, juste ta présence
Un souffle devient une déclaration
Aucune promesse, aucun serment,
Un amour éternel sans se dire un mot

Tu me donnes dans un regard plus que dans une vie

La certitude d'être aimé, et cela me suffit

Le Fond de la Mine

Je viens d'un pays qui des siècles durant
A connu les processions nocturnes
Des gueules noires qui s'en allaient ténébreuses
Extraire des strates la houille pour quelque argent

Ainsi dans leurs pérégrinations au centre de la Terre
Ces cyclopes au regard lumineux de leurs pioches
Perforaient, tels des bagnards, inlassablement la roche
Et leurs mains blessées, remettaient leur ministère

Sans prendre de repos dans ce climat étouffant
Ils tapaient dans la veine pour en faire jaillir le sang,
Le visage noirci par la poussière anthracite,
Ils toussaient et crachaient l'amertume d'une vie de calcite

Les Pénitents dans leur ouvrage, courageux et vaillants,
Guidés par la flamme de leur sceptre vigilant
Progressaient pas à pas, et redoutaient sans pour autant
fléchir
L'expulsion soudaine du grisou qui les ferait périr ;

De leurs capes de mendicité, les nobles princes de la mine
Héros de l'Enfer aux mines obscures mais tenaces ;
Finissaient par sortir du puit, épuisés de leur trime,
Rongés par la misère, mais victimes pugnaces

Ainsi sortis du trou où on les avait mis
Ils finissaient au bistrot pour dépenser la quinzaine
Et oublier la misère et des bourgeois le mépris,
D'une vie au Creusot d'humains mis en quarantaine

A Coup de Baguette Magique

C'est dans la chorégraphie de mes doigts
Qui manipulent avec délicatesse un morceau de bois
Que je cherche avec ardeur
La formule savante et secrète du bonheur

L'espace d'un instant,
J'ai pu saisir l'éclat
D'une poussière d'étoile
Qui m'assurait du succès

Mais cet éclat a disparu
Et il me manque le souvenir
De l'arrondi ou du jeté
Que j'esquissais dans un coup de poignet

Le bonheur n'est pas affaire de formule
Il se distille sagement dans l'instant
Et se donne à qui sait l'accueillir,
Car le bonheur ne se prend pas,

Il ne sait que se donner.

Compote et Camembert

Il m'arrive souvent d'utiliser, sans esprit lubrique,
Comme échelle de comparaison de la jouissance
L'acte sexuel comme référence clinique,
Par pur esprit scientifique, et sans indécence.

Et si une bonne baise sur l'échelle de Richter
Sait du fond de mon être me faire vibrer,
Il se trouve par son aspect gustativo-papillaire
Que je mettrai un dix à la Compote au Camembert mélangée.

L'onctuosité du fromage, salé et légèrement acide
Se marie tellement bien aux saveurs du fruité liquide
Et c'est toute une technique que de pouvoir déguster
Le calandos dans la compote de pommes écrasées.

Il faut tout d'abord couper cette galette laitière
D'une lame fine et légère pour la croûte préserver
Puis entre le pouce et l'index dégager
La portion divine et faite du méfait de la crémière

Dès ce moment telle une cuillère,
On plonge le coulant
Dans la purée de délice
Et c'est à cet instant magique qu'on pénètre la Matrice

Ainsi soit-il, la vie est aussi faite de plaisirs futiles
Et je dois bien admettre qu'à cet endroit
Le péché m'habite, et qu'aussi sucré fût-il
Son apogée est quand j'y plonge les doigts.

Annus Oribilis

C'est toujours celle qui vient de passer
Qui restera à graver dans les mémoires
Comme la plus sinistre des années,
Le regard fixé dans le miroir

On pense forcément à tous ces petits désagréments
Cette multitude de tras qui nous ont cassés les pieds ;
On songe à l'écho de promesses quand à soi- même on ment,
Raisonne avec ivresse l'implacable vérité

On se remémore avec contrariété
Toutes les disputes, tous les conflits qu'on aurait pu éviter
On se résigne, hélas autant, mais sans rien pouvoir y faire
A accepter ceux qui auraient été, si tant est qu'on ait su se taire

A genoux je pleure aussi chaque jour ces années
Qui vous ont pris à moi sans crier gare,
Elles passent et me rappellent votre absence, moi l'ainé
Mais au lieu d'ouvrir le chemin, perdu je m'en égare

Oui les années passent et pourtant
Toujours forte, la vie est là,
On se démène comme des beaux diables
Et on continue le combat

On avance, survivants, et on relève la tête
Car c'est notre fardeau et par la même notre chance
Que d'affronter ses blessures fatueuses que nous inflige la bête
Et d'aller notre chemin jusqu'à l'ultime danse,

Il nous appartient chacun à notre manière d'entrenir la flamme
De la vie comme on gravit le plus haut des sommets
Car la pire des années, j'en suis certains sera comme un corps sans
âme,

La pire année est celle qu'on ne connaîtra jamais.

Tes yeux noisette

J'ai beau aimer tout de toi
Je peux dire sans hésiter
Que rien n'est plus précieux
Que ton regard étoilé

Chaque fois que je le croise
Il provoque et moi cet effet
De me sentir à la fois fort
Et pourtant désemparé

Il me traverse de sa vérité
Sans concession, inquisiteur
Et synchrone il me défie,
Aventurier et chahuteur

Je me suis perdu dans tes beaux yeux
Qui m'ont fait tant voyager
Et découvrir la vie dans ton regard
Est un cadeau que tu m'as fait

Je grave aujourd'hui tes yeux dans ma mémoire
Ils sont parfois plus graves et ont déjà été que trop rougis
Mais ils ont ce pouvoir sur moi, qui pourrait le croire
De me rendre chaque jour plus amoureux et ébloui.

Connais-toi toi-même

Chaque matin j'affronte avec doute
Mon reflet dans le miroir
Et je redoute
Le contenu de ce qu'il va me faire voir

Chaque jour, je fais de mon mieux
Pour éviter l'odieux supplice
De faire face à mon double hideux
Et à son instinct faible et complice

Qu'il en soit ainsi
Et sans que je ne me résigne jamais
Tous les jours je soutiendrai mon regard
Je ferai avec mes défauts et mes qualités

J'avancerai dans la vie, conscient de qui je suis
Et d'où je veux aller,
Qu'il en soit ainsi

Minuit,

C'est dans le murmure des cigales
Aux allants hypnotiques
Que j'ai cherché mon égale
Mon alter ego mystique

C'est dans les ricochets,
Dans l'écho de mes pas dans la ruelle,
Dans cette villa miniature
Où je m'engouffre à tire-d-elle

Que j'ai trouvé son visage
Masque aux pouvoirs elliptiques,
Au regard impénétrable
Et aux lèvres érotiques,

L'éclat de la Lune sur sa nuque
Au reflet de Voie Lactée
Me laissait presque comme un eunuque
Impuissant, désemparé

C'est dans cette fontaine qui résonne encore et
Où se reflètent les étoiles au firmament
Que j'ai goûté l'essence secrète et salvatrice
De sa fougue, divin châtiment

C'est dans la chanson de ses râles,
De ses gémissements plaintifs
Que mon amour a fait escale
Intrépide au milieu des récifs

Dans le murmure des cigales
Aux allants hypnotiques
J'ai trouvé mon égale
Mon alter ego mystique

Minuit sonne encore
Et je m'unirai à toi
Il sera toujours Minuit
Quand tu t'endors dans mes bras

Le Goût de la Mer

La berceuse du large emporte notre aventure au loin
Et la caresse des vagues me chante doucement notre histoire
On s'est aimé tellement fort, on s'est aimé tellement bien,
Que je garde ton souvenir comme le murmure d'une victoire

J'ai laissé sur la plage ce qui me restait d'insouciance
Aujourd'hui ni les pleures ni l'orage n'auront plus d'importance
Je t'ai laissée sur le sable, Eve divine et amère
Nous avons toujours su que ce bonheur serait éphémère

La mer nous regarde sous le souffle chaud de l'été
Et voilà le vent qui emporte nos cœurs et nos baisers ;
Son onde apaisante me rempli de l'iode et des moments doux
Où je plongeais langoureusement ma bouche dans le creux ton cou

Le flux et le reflux subtils et vaporeux de la Méditerranée
Me rappelleront toujours ces instants magiques où nous étions heureux
Mais à la passion succède inexorablement l'exode accablé
Des amants qui savent s'épargner les promesses inutiles des déchirants adieux

Mon âme gardera toujours en moi
Ces instants partagés qui ont laissé place
A des rides et des cheveux blancs
Comme ces mots sur la plage que la mer efface

Je n'oublierai jamais tes mots que tu me chuchotais tendrement
Sans plus entendre je distingue le mouvement de tes lèvres
Et perdu dans ton regard océan comme dans un lagon légendaire
J'ai bu à ta bouche tout le goût de la mer

La berceuse du large emporte notre aventure au loin
La caresse des vagues me chante doucement notre histoire
Mais le temps passe et emporte ton visage tant et si bien
Que je garde l'espoir chaque jour au moins,

Je ferme les yeux
Et assis sur la plage où nous étions amoureux
Je dépose sur ma bouche l'écume, trésor de notre souvenir
Encore une fois je t'embrasse, alors je peux mourir.

Marche ou Crève

La vie est éphémère,
La vie est ridicule,
La vie est fragile,
Elle peut être futile,

La vie est courte,
La vie est mystérieuse,
La vie est dure,
Mais la vie est belle

Quand la vie n'est plus la vie
Quand la pauvreté s'acharne sur elle
Quand la vie n'est plus la vie
Et quand à chaque seconde
Elle devient un combat
Et qu'on devient survivant

Quand la vie devient misère,
Et qu'on lui a coupé les ailes
De la beauté de la vie
Que reste t-il vraiment ?

On avance, mannequin exsangue
Vide d'amour et de substance
Comme aspiré le jus d'une mangue
Plus rien maintenant

Non plus rien n'aura jamais plus d'importance

La Fin du Monde

Le monde n'est un refuge que pour qui à compris
Que notre temps sur cette Terre nous est compté
Et que sans aucun subterfuge, l'Humain aura appris
Qu'il faudra tout faire pour la protéger

Mais il est restera toujours un pour crier haut et fort
Que rien ne vaut la peine de partager
Ou de l'autre se soucier, car si demain tout doit s'arrêter
Il faut brûler la chandelle et défier le sort

Ils veulent vivre, solitaires, leur réconfort
Et tant pis pour ceux qui restent au bord de la route
Ce sera eux d'abord, sans aucun doute
A jouir ivres et dédicataires de l'œuvre ultime de mon amie la
Mort

La Nature Humaine est parfois triste
Quand la Peur et l'Egoïsme la font se replier
Je continue le combat dans ma vie quotidienne, dans ma vie
d'artiste

Le Dernier Jour, nous finirons tous par tous nous retrouver

Louis

A Louis dont le sourire puissant
Nous lui a fait donner
Dès la naissance
Un grand prénom comme celui d'un Roi

A toi dont le regard rempli d'amour et de douceur
Aux yeux verts saisissants et sensibles
Garde brûlant l'invincible ardeur
De ceux qui vont changer ce monde inflexible

A toi mon fils,
Dont l'indépendance rebelle et nécessaire
Du haut de tes huit ans me désarme et désespère
Je bois heureux à ton calice

Questionne encore la vie
Car rien n'est évident dans ce qu'on te dira
Questionne toujours le monde en toute chose
Et même à moi, oppose-toi !

Construit de ta pensée rebelle
Et de ton esprit aiguisé
Une vie harmonieuse et belle
Ou justice rimera avec liberté

Tu es bon, tu es pertinent
Tu fais chaque jour de nos vies un monde meilleur
Tu es sensible, tu es impertinent
Et tes erreurs ne sauraient remettre en question ta valeur

Pour toujours mon amour je t'aime
Et surtout n'oublie jamais
Que cet amour continuera encore même
Quand j'aurais pour toujours les yeux fermés

Simon

Mon fils, j'ai toujours su que tu naitrais
Du jour même où je l'ai lu
Dans le regard de ta maman, un beau jour d'été,
Alors qu'elle-même l'ignorait

Je savais même que tu serais garçon
Sans que cela soit une chance ou un dilemme
Sans que je ne donne de leçons
Je le savais comme on sème

Je t'avoue même que j'ai eu peur
Avec toi de ne pas être à la hauteur
Car je ne saurai jamais ce que c'est que d'être le cadet
Et de ma vie je n'ai jamais été rien d'autre qu'un aîné

Mais depuis cinq ans chaque jour
Tu me montre le chemin que tu parcours
Et tu me guides, gracieux et plein de douceur,
Ton regard noir et plein d'ardeur

Tu as déjà ton caractère bien formé
Et tu mets du théâtre dans tout ce que tu fais
Tu es à la fois fragile et intrépide
Frère d'un amour entier, et à la volonté limpide

Il nous reste ensemble tellement à parcourir
Et je te souhaite le meilleur dans tout ce que tu feras
Je serai à toujours à tes côtés
Dans les bonheurs comme les tracas

Va mon fils
Soit tranquille et serein
Car mon amour t'accompagne
Pour toujours sur ton chemin

Tendresse

Dans un battement d'ailes
Ou dans le bruissement d'une feuille
Dans le craquement du bois
Ou dans le rire qui éclate

Fragile est ce moment
Incrédule sensation
Ou le temps s'arrête
Et la caresse nous saisit

Cette ondulation de l'âme
Ce bien-être incessant
Que l'on se transmet,
Rien qu'on ne choisit

Je me laisse envahir par le calme
Fort et bienveillant
De cette tendresse volontaire et pure
Qui chaque jour me nourrit.

Et dans la chaleur
De chaque Soleil levant
Je t'ouvrirai mes bras
De la tendresse d'un ami, de l'amour d'un papa.

Ce qui ne changera jamais

Dans chaque battement de cœur
Dans tout l'air que je respire
Dans chaque pas que je fais
Dans tous les regards que j'aurais déposés

Quand j'aurais saisi la terre de mes mains
Quand j'aurais posé mes mains sur tes hanches
Et que mes lèvres couvriront les tiennes

Je fermerai mes yeux
Et me laisserai aller

Car encore je saurai ce qui ne changera jamais

Ma Folie

La souffrance gravée dans la chair
Comme une incantation a marqué au fer
Rouge mon destin tragique
Le venin haineux des mes bourreaux tyranniques
Des masques de démons
Cachent leurs rictus sadiques

Ils sont venus parfaire
Leur rituel de mort
Prisonnier symbolique de ces fers
C'est mon tourment qui m'obsède
Lentement, il m'envahit
Mais sûrement me possède

Chaque seconde semble une éternité
Au pays des immondes, au pays des damnés
Qui récitent dans ma tête,
Bêtes monstrueuses et endémiques
Leurs litanies cruelles
Aux accents sataniques

Addict

C'est un battement de cœur régulier,
Une pulsation irréductible
Qui m'agite en secret,
Désir irascible ;

C'est une pensée obscure qui fait les cent pas
Et tourne en rond dans mon crâne
Où lutter ne s'entend pas, pas
Plus que d'écouter un âne ;

Même le combat le plus acharné,
Au pris de ma volonté féroce
Délaisse mon âme décharnée,
Sans plus de regret ni de force

Je me consume en consommation
Sans jamais que j'assume
De mon Judas la sommation
Démon de la consolation je présume ;

Mon désir me possède
Coupable malicieux
Et à chaque fois je lui cède,
Alors je rejoins les cieux

Conteste

Ne considère jamais rien comme acquis
Ne laisse jamais Ni Dieu ni maître entraver ta liberté
Et malgré la souffrance, et malgré le doute
J e t'en supplie s'il te plaît, ne fléchis jamais

Car on voudra te soumettre et ça coute que coute
Certains sont ainsi faits qu'ils voudront t'asservir
Et quand ils se dresseront pour te barrer la route
Sois prêt à se faire lever la tempête sans un soupir

Personne ne naît à devoir porter ni la misère du monde
Ni le destin de l'humanité
Mais quand chacun de la chance qu'il a de vivre
En assume avec force la responsabilité

Alors toujours l'Espoir sera permis
Je t'en prie lève toi et conteste
Que cela soit accompli et dans un même élan de courage
Tu te dresses le poing levé, déterminé tout comme sage.

Nostalgie

Tranquille au bord de la route
J'observe le paysage
Rien ne peut plus venir me troubler
Et je profite de la vie

J'allume une cigarette
Des enfants passent devant moi
Ils ont le sourire large et l'innocence
De nous il y a des années

Devant mes yeux défilent
Les moments de rire
Les moments de joie
Ils étaient si fragiles, je ne les oublierai pas

Je repense à mes parents
Je repense à mon frère
Le liseré incandescent de la cigarette qui se consume
Et les enfants partent au loin

Nous ne les saisissons jamais vraiment,
Nos instants de bonheur porcelaine
Ils sont fragiles et s'évaporent, fugaces et élégants
Comme se déroule une pelote de laine

Je distingue encore à peine les sonneries des bicyclettes
Et j'ai terminé ma cigarette
Ce temps passé avec vous comme de la magie
Je reprends ma route et ma nostalgie

Justice

On attendra bien que la civilisation s'effondre
Que le fort s'en prenne au faible
Sans que plus personne ne tourne le visage
Et que le monstre s'en délecte avec malice

On continuera à vivre nos vies à nous morfondre
Que les chiens aboient et hurlent sans fin
Sans que personne ne trouve plus le courage
Et que l'existence se vide petit à petit de son sens

Nous resterons debout mais errant
Vivants pas encore morts
Mais morts plus tellement vivants
Payants le tribut de notre pitoyable supplice

La vengeance n'aura qu'un goût amer
Contre ceux par qui le malheur est arrivé
Et la souffrance les suivrait bien jusqu'en Enfer
Que l'addition ne serait pas encore réglée

Et quand bien même nous aurions réglé leur compte
A tous les monstres qui au tour du monde sévissent
Il n'en reste pas moins pour chacun d'entre nous
Le désir d'une vie simple et d'avec la guerre en terminer

Le chemin est long pour celui qui cherche la Justice
Tout aussi long que celui d'une vie apaisée.

La Peur du Noir

A toi qu'on enferme dans un placard
Après les hurlements hystériques
Et qui quand les portes se referment
Trouve dans le néant la sécurité

A toi qui serres ta couette
Quand la porte de ta chambre se referme
Et qui entendant s'approcher ton bourreau
Attend en pleurant qu'il en vienne au terme

Toi qui n'as connu comme unique sanction
Que la ceinture au fond d'une cave
Et pour qui la pire des punitions
N'est même pas d'être esclave

A toi qui t'opposes quand on menace ta mère
Quand l'alcool a pris place aux caresses
Et prenant dans ton âme et ton corps les coups d'un père
Prie pour qu'enfin cela cesse

A toi pour qui la misère des adultes absents
A fini par laisser croire que tu n'étais pas important
Et livré à toi-même tu apprends d'une autre famille
A t'enfiler dans les bras de sombres aiguilles

A toi qu'on bat à cause de ta différence
Sans que personne ne s'interpose, dans l'indifférence
Et qu'on montre du doigt, comme un animal
Alors que des gens passent comme si tout était normal

Gardes l'espoir et restes fort
Tout ce que tu vis n'est pas normal
Et si ton chemin est semé d'obscurité

Tu trouveras la lumière d'une main qui se tend
Et chassera les monstres pour laisser place au rêve
Et plus aucune blessure ne te sera infligée
Que celles d'une vie normale

Va mon ange sois sans crainte,
Demain t'attends pour te prendre
D'une bienveillante étreinte

Ce qui compte

Ce qui compte c'est de vivre, car rien n'est plus important que
la Vie,
Elle est une richesse pour ce qu'elle produit,
La conscience, trésor merveilleux qui nous rend ivre

Ce qui compte, c'est de profiter de la nature, et sentir la terre
C'est se plonger dans le ruissellement de l'eau
C'est observer cette vie animale qui rend notre monde si beau
Conscient de la fragilité de notre vie sur la Terre

Si c'est la vie qui compte, c'est que chaque être humain
Dans ce monde à sa place
Alors saisissez chaque seconde pour tous ensemble
Avec amour et compassion laisser votre trace,

Car rien ne m'a jamais aussi bien rempli de courage ou même
d'affection
Que ton regard qui me transperce et de ta main
Qui se tend vers moi ou se refuse
Saisir ce moment unique de notre rencontre et de notre
découverte

Et c'est quand l'Homme laisse l'initiative à ses plus vils
instincts,
A sa peur ou à sa cupidité, conseillères traitresses
C'est quand l'Homme, laisse la place au monstre,
Que l'espoir d'un monde meilleur s'éteint

Ce qui compte, c'est ta peau, c'est de sentir ton cœur qui bat,
Ce qui compte ce sont tes baisers
Ce qui compte c'est qu'à chaque seconde tu saches
A quel point je t'aime, et que cela ne finira jamais

Ce qui compte, c'est que tu n'oublies pas
Que tu as ta place dans ce monde,
Mais que personne ne te la donnera jamais

N'abandonnez pas, car rien n'est perdu d'avance
Persistez et croyez en vous
Car vous êtes exceptionnels et capables,
Et sur vos épaules veille la Chance

Ce qui compte c'est que vous êtes le fruit de mon combat
Pour vous transmettre tout mon savoir, mes valeurs et ma Foi
Et à ma mort à travers vous je continuerai de vivre
Et si un jour vous oubliez tout, vos pourrez relire ce livre

Et pour toujours, je serai là.

Table des Poèmes

Merci